GUERRE DES FRONTIÈRES

WISSEMBOURG

RÉPONSE

DU

GÉNÉRAL DUCROT

A L'ÉTAT-MAJOR ALLEMAND

DEUXIÈME ÉDITION

PARIS

E. DENTU, LIBRAIRE-ÉDITEUR

PALAIS-ROYAL, 17-19, GALERIE D'ORLÉANS

1873

Tous droits réservés.

AVANT-PROPOS

Dans l'intérêt de la dignité de l'armée et pour éviter des polémiques toujours pénibles, nous avons souvent laissé sans réponse des assertions erronées et malveillantes, d'origine française.

Les mêmes motifs de réserve n'existent pas à l'égard de nos adversaires, surtout lorsqu'il s'agit d'un travail aussi sérieux que celui qui émane du grand Etat-Major de l'armée allemande.

M. le comte de Moltke a été trop habile et trop heureux pour ne pas vouloir laisser à l'histoire un récit exact des grands événements auxquels il a pris une si large part.

Nous sommes donc convaincu qu'en présence de documents officiels, il n'hésitera pas à rectifier une erreur qui fait peser sur nous la responsabilité d'un échec dont les conséquences ont été funestes pour le sort de nos armes.

Conformément aux principes de la discipline et de la hiérarchie, notre travail a été soumis à l'examen de M. le Ministre de la guerre et de notre ancien chef, M. le maréchal de Mac-Mahon; c'est avec leur autorisation que nous le livrons à la publicité.

Général A. Ducrot.

Bourges, 16 mars 1873.

WISSEMBOURG

L'*Histoire de la Campagne 1870*, par l'Etat-Major allemand contient, relativement au combat de Wissembourg une assertion que nous ne pouvons laisser passer sans la relever.

Page 179 il est dit :

« Le maréchal Mac-Mahon avait placé la divi-
» sion Douay sous les ordres du général Ducrot,
» pour donner plus d'unité à la direction de cette
» partie de ses forces placées le plus près de l'en-
» nemi. — Sur l'avis arrivé de Wœrth, le 3 août,
» que de fortes colonnes prussiennes venaient de
» quitter Landau, le général Ducrot avait ordonné
» au général Douay, non seulement de rester à
» Wissembourg, mais encore d'accepter le com-
» bat le cas échéant. »

Cette assertion est erronée et absolument dénuée de fondement ; il nous est facile de le démontrer :

Bien avant la guerre, nous avions toujours, avec instance, appelé l'attention sur les dangers qu'offraient nos petites places fortes, généralement en assez mauvais état et tout à fait insuffisantes contre les nouveaux moyens de l'artillerie.

Notre opinion se trouve consignée dans une brochure publiée en 1866 : *Quelques observations sur le système défensif de la France,* et dans notre correspondance avec les colonels du génie Duval et Sabatier, correspondance qui se trouve relatée à la fin d'une brochure publiée en 1871 : *De l'Etat-Major et des différentes armes.*

Lorsque la guerre éclata, nous nous trouvions provisoirement à la tête d'une division active au camp de Châlons, et nous reçûmes l'ordre du Ministre d'aller reprendre immédiatement le commandement de la 6e division militaire.

En arrivant à Strasbourg, notre premier acte fut d'ordonner l'évacuation des places de Wissembourg et de Lauterbourg occupées, la première par 300 hommes d'infanterie, la deuxième par 200 hommes de la même arme.

Nous prîmes cette mesure sous notre propre responsabilité, et n'en rendîmes compte au Ministre qu'après exécution.

En haut lieu on parut peu satisfait de cette détermination, et, sans précisément nous infliger un blâme, on nous fit cependant comprendre que nous avions eu tort de dégarnir ainsi la frontière. Ce sentiment se trouve clairement exprimé dans une dépêche télégraphique ci-jointe émanant du Ministère :

« Il me paraît difficile que vous ne fassiez pas

» occuper ou au moins protéger par des détache-
» ments mobiles, Wissembourg et Lauterbourg,
» afin de garantir nos populations frontières con
» tre des tentatives peu sérieuses, mais nuisibles
» aux habitants, que votre observation défensive
» devrait protéger. Les 5ᵉ, 2ᵉ, 3ᵉ, 4ᵉ corps, ont de
» forts détachements à proximité de l'extrême
» frontière et sont appuyés par des troupes éche-
» lonnées en arrière.

» Dès que vous serez en situation de le faire,
» prenez telles dispositions que vous jugerez con-
» venable pour remplir cet objet. »

Le préfet du Bas-Rhin et le sous-préfet de Wissembourg firent également de nombreuses démarches près de nous, pour obtenir la réoccupation de Wissembourg et de Lauterbourg; ces instances furent vaines (1). Nous pensions qu'il y avait grand inconvénient à disséminer nos forces au début de la guerre; nous voulions que les points choisis pour opérer la concentration des troupes du 1ᵉʳ corps fussent placés dans des con-

---

(1) Nous empruntons le passage suivant au journal de M. le comte de Leusse, ex-député du Bas-Rhin et maire de Reichshoffen.
« Maintenant étant donné la situation au 4 août, qu'aurait-on pu et dû faire. Mettre ces troupes dans Wissembourg et au bas de la côte du Pigeonnier était une faute dans laquelle Ducrot n'était pas tombé, nul ne le sait mieux que moi qui, comme député et pour rassurer la population, lui demandait de faire cette faute, sachant du reste, comme je l'ai dit aux habitants de Lauterbourg, qu'il allait me refuser. — On a perdu là quelques centaines d'hommes, un général et du prestige bien inutilement.»

ditions telles, qu'elles s'y trouvassent à l'abri d'une brusque agression de l'ennemi et à portée des approvisionnements de toute nature.

En conséquence, nous avions préparé l'installation des quatre divisions d'infanterie et des troupes auxiliaires aux environs de Strasbourg sur les bords de la Brusche et de l'Ill; la division de cavalerie en avant et *formant rideau* sur les bords de la Zorn, près de Brumath.

A l'arrivée du maréchal de Mac-Mahon, le 23 juillet, nous fîmes part à Son Excellence des dispositions que nous avions cru devoir prendre à ce sujet, et elles ne donnèrent lieu à aucune observation de sa part. Mais, soit par suite de ses propres réflexions, soit par suite d'ordres émanés du Ministre ou du grand quartier général, le Maréchal maintint à Hagueneau la division Douay, qui y avait été envoyée par décision du Ministre le 22 juillet, et dans la nuit du 25 au 26 il nous fit appeler pour nous donner l'ordre d'aller le lendemain avec notre division occuper Reichshoffen et ses environs; Son Excellence ajouta que les services administratifs de notre division achèveraient de s'organiser sur place.

En conséquence, la 1re division se mit en route le 26 au matin..., le 27 elle s'établissait à Reichshoffen poussant ses avant-postes jusqu'à la frontière...

Les journées du 28 et suivantes se passèrent sans incidents remarquables. La division s'organisait lentement, péniblement, le commandement était absorbé à résoudre les difficultés qu'il rencontrait pour assurer aux hommes et aux chevaux les subsistances indispensables...

L'intendance n'était pas en mesure ; elle prétendait que l'évacuation de Wissembourg, contenant une manutention et de vastes magasins, lui avait enlevé une partie de ses moyens d'approvisionnements.

Nous croyons devoir signaler ce fait, parce qu'il n'a pas été sans influence sur la réoccupation de cette mauvaise petite place frontière.

Dans le principe, l'intention formelle du Maréchal était de porter toutes les forces du 1er corps *sur les crêtes des Vosges,* de manière à assurer ses communications avec le gros de l'armée établie sur le revers occidental et à couvrir ainsi le chemin de fer de Strasbourg à Bitche : il ne pensait nullement à occuper Wissembourg.

Mais l'intendance se trouvant dans l'impossibilité d'organiser ses services administratifs et par suite ne pouvant assurer les subsistances, nous dûmes faire observer au Maréchal les difficultés que nous rencontrerions pour faire vivre notre division sur le pays, si notre séjour à Reichshoffen se prolongeait. Ces considérations déterminèrent le Maréchal à porter la 1re et la 2e divisions en avant et à occuper Wissembourg.

En conséquence, nous reçûmes le 2 août, du grand quartier général, l'ordre de mouvement suivant :

Armée du Rhin.
1er corps.
État-major général.
N° 4.

« Au quartier général, à Strasbourg, le 2 août 1870.

» La 1re division quittera ses positions le 4, au matin, pour aller s'établir à Lembach, où se trouvera l'état-major de la division ; elle aura un régiment à Nothweiler, un bataillon à Obersteinbach et un régiment à Climbach. Il y aura à Lembach une brigade, le bataillon de chasseurs, l'artillerie et le génie.

» Le général Ducrot donnera les ordres de détail pour les emplacements des troupes de toutes armes.

» Il aura sous ses ordres la 2e division d'infanterie, qui aura sa droite à Altenstadt et occupera Wissembourg, où se trouvera l'état-major de la division, Weiler et les positions environnantes, ainsi que le col du Pigeonnier, par lequel elle se reliera avec la 1re division.

» La 1re brigade de cavalerie, composée du 3e hussards et 11e chasseurs, s'établira le même jour au Geisberg, de façon à se relier avec la 2e division d'infanterie et à l'éclairer sur sa droite jusqu'à Schleithal.

» Le général de Septeuil recevra les instructions du général Ducrot sur l'emplacement que chaque corps doit occuper et sur le rôle qu'il devra jouer.

» Le général Ducrot connaissant le terrain de Wissembourg et des environs se chargera d'in-

» diquer les emplacements à assigner aux divers
» corps de la division Douay.

» Le Maréchal commandant le 1ᵉʳ corps,
» Par ordre,
» Le Général chef d'Etat-Major,
» Signé : COLSON. »

Comme on le voit, tout en indiquant les points principaux à occuper, le Maréchal, s'en rapportant à la connaissance que nous avions du terrain, nous laissait une grande latitude pour modifier ses instructions, et nous crûmes devoir en user par les motifs que voici :

Altenstadt, Wissembourg, Weiler, situés au fond de la vallée de la Lauter, sont de tous côtés dominés par des hauteurs et débordés à droite par les épaisses forêts du Binwald et du Mundat... de telle sorte que les Allemands, amenant leurs masses complètement à couvert, auraient pu prendre position sur nos lignes de retraite, avant même que la division Douay, enfoncée dans cette sorte d'entonnoir, eût été informée seulement de leur marche et de leur présence.

Frappé de ces considérations, et, nous le répétons, pleinement autorisé par la dernière phrase de l'ordre n° 4, nous n'hésitâmes pas à envoyer au général Douay, dès le 3 au matin, les instructions suivantes :

1er corps.
1re division.
Cabinet
du général.

« Reichshoffen, 3 août.

» Mon cher Général, comme je vous l'ai dit par ma dépêche de cette nuit, hier soir, à cinq heures, j'étais au Pigeonnier avec le colonel du 96e, qui occupe cette position depuis quelques jours et a poussé des reconnaissances dans toutes les directions. Je ne pense pas que l'ennemi soit en force dans nos environs, du moins à une distance assez rapprochée pour entreprendre immédiatement quelque chose de sérieux (1) toutefois pour parer à toute éventualité, je pense qu'il est convenable de prendre les dispositions suivantes :

» Ainsi que vous en avez reçu l'ordre de Son Exc. le Maréchal, vous vous porterez sur Wissembourg avec votre division, le 3e hussards et deux escadrons du 11e chasseurs. Vous établirez votre première brigade sur le plateau du Geisberg, la deuxième à gauche, sur le plateau du Vogelsberg, occupant ainsi la ligne de crêtes

---

(1) Au moment où nous écrivions ces lignes nous étions dans le vrai : car ce n'est que le 4 au matin, d'après le fascicule allemand, que le corps du Prince Royal, établi aux environs de Landau et de Rohrbach, se mit en mouvement, l'avant-garde, division Botmer rompait ses bivouacs à six heures, le 5e corps et le 11e à quatre heures, et même une partie des troupes allemandes fut amenée pendant le combat, sur la rive gauche de la Lauter par le chemin de fer de la Maxau.

L'ordre du Prince Royal est daté du 3 août.

Les troupes françaises et allemandes se sont donc portées toutes les deux en avant, presqu'au même moment, et Wissembourg a été, pour ainsi dire, un combat de rencontre.

» qui, par la route de Wissembourg à Bitche, se
» relie avec le Pigeonnier. La cavalerie et l'artille-
» rie seront en seconde ligne sur le versant sud-
» ouest du mouvement du terrain. Je pense, d'ail-
» leurs, qu'il sera facile de défiler les troupes.

» Vous ferez entrer ce soir même un bataillon
» dans Wissembourg, demain de bonne heure
» vous enverrez un régiment de la 2ᵉ brigade rele-
» ver le 96ᵉ dans la position qu'il occupe entre
» Climbach, le Pigeonnier et Pfaffenschlick; le 96ᵉ
» se portera en avant dans la direction de Noth-
» weiler, un de ses avant-postes sera établi à droite
» à Durrenberg, se reliant ainsi à la gauche de
» votre division vers Climbach ; ma gauche sera à
» Obersteinbach, où elle se reliera avec la droite
» du 5ᵉ corps à Hulzelhof.

» Mon quartier général et le gros de ma division
» sera à Lembach, vous pouvez établir votre quar-
» tier général, soit au Geisberg, soit à Oberhoffen,
» soit à Roth.

» L'escadron du 3ᵉ hussards, qui est en ce mo-
» ment à Climbach, y restera provisoirement, mais
» il est probable que je conserverai seulement un
» peloton et que j'enverrai le reste après demain
» rejoindre le régiment.

» Il est bien entendu que cette brigade de cava-
» lerie est placée sous vos ordres immédiats et
» que vous l'utiliserez pour vous éclairer, soit en
» avant de Wissembourg, soit à droite dans la di-
» rection de Lauterbourg.

» Aussitôt que Wissembourg aura été occupé
» par un de vos bataillons, je vous prie de faire exa-
» miner la situation de la manutention, de relever
» les accessoires qui peuvent y manquer, de les
» faire fabriquer sur place, ou à Strasbourg, ou à
» Haguenau, et d'organiser des brigades de boulan-
» gers, avec les ressources qui peuvent se trouver
» dans vos régiments. Je crois que la dimension des
» fours permet de fabriquer 30,000 rations en
» vingt-quatre heures ; mais à la condition que le
» service soit bien organisé. Votre sous-intendant
» demandera immédiatement de la farine et l'on se
» mettra à l'ouvrage sans tarder, car c'est de Wis-
» sembourg que nous devons tirer la majeure par-
» tie de nos subsistances, et il y aura lieu aussi
» d'organiser un service de réquisition, pour trans-
» porter les vivres à Lembach, Wingen, Oberstein-
» bach et autres détachements.

» Votre sous-intendant devra s'entendre à ce
» sujet avec le sous-préfet.

» Lorsque vous aurez eu le temps d'étudier le
» terrain et de vous renseigner sur la situation de
» l'ennemi, vous apprécierez s'il serait utile d'oc-
» cuper le fort Saint-Rémy et les anciennes re-
» doutes qui sont en avant d'Altenstadt, mais la
» chose me paraît douteuse.

» *Signé :* DUCROT. »

A cette lettre était joint un plan sur lequel
tous les points importants et les lignes de re-

traite étaient clairement indiqués, le tout fut expédié au général Douay par un officier de notre état-major qui était chargé de compléter ces instructions, déjà très détaillées et très précises, par quelques explications verbales. Puis, nous prîmes nos dispositions pour assurer l'exécution de l'ordre du Maréchal, en ce qui concernait notre propre division.

Le lendemain 4, de bonne heure, nous nous mîmes en route pour Lembach, et il était midi environ quand nous arrivâmes sur l'emplacement du bivouac ; nous étions encore à cheval occupé de l'établissement de nos troupes, lorsque nous reçûmes la dépêche suivante du colonel de Franchessin, commandant le 96° de ligne (1).

Climbach, le 4 août 1870, 11 heures.

96° de ligne.
Le colonel.

« Mon Général,

» J'ai l'honneur de vous rendre compte que
» l'ennemi tire le canon sur Wissembourg; on
» me dit que le feu s'est déclaré dans plusieurs
» maisons. Cet avis nous est donné par le poste
» du Pigeonnier.

» Le 78° vient d'arriver. Je fais ployer mes ba-

---

(1) Lembach est à seize kilomètres de Wissembourg : dans ce pays de montagnes, le son intercepté par les massifs et les bois ne se propage pas au loin, c'est ce qui explique comment nous n'avons pas entendu le canon pendant notre marche.

» gages et lever le camp. Je ne me mettrai en
» route qu'à midi.

» Je suis, avec un profond respect, mon Gé-
» néral, votre très humble serviteur.

» *Signé* : le colonel DE FRANCHESSIN. »

Immédiatement nous fîmes mettre sac au] dos, prîmes nos dispositions pour marcher au premier signal, et, de notre personne, nous courûmes à la redoute du Pigeonnier, d'où l'on découvre toute la vallée de la Lauter.

Nous y arrivâmes justement pour voir nos troupes débordées de toutes parts et obligées d'évacuer le Geisberg, en se repliant dans les directions de Cléebourg et Pfaffenschlick.

Voici ce qui était arrivé :

Dans la nuit du 2 au 3, le général Douay avait reçu l'ordre suivant :

» *Dépêche Mac-Mahon à Douay.*

» Strasbourg, 3 août, 12 h. 10 du matin.
(Expédié à minuit 40.)

» D'après les nouvelles que vous me donnez,
» mettez-vous en route demain matin, le plus
» tôt possible avec toute votre division à l'excep-
» tion des deux bataillons détachés à Seltz, pour
» vous porter sur Wissembourg, vous prendrez à
» Soultz le 3ᵉ hussards ; emmenez également les
» escadrons du 11ᵉ chasseurs de Hagueneau ; le
» détachement de Seltz vous rejoindra le 4 après
» qu'il aura été relevé.

» Le général Ducrot, qui porte également une
» partie de sa division à Lembach, vous rejoindra
» en route et vous indiquera la manière de vous
» relier avec la 1re division.— Accusez réception. »

Signé : MAC-MAHON.

Vu les instructions contenues dans ce télégramme et celles reçues le même jour du général Ducrot, le général Douay occupait, dans la soirée du 3, les positions du Geisberg, du Vogelsberg et faisait entrer un bataillon dans Wissembourg.

Le 4, vers sept heures du matin, le commandant de la 2e division recevait du Maréchal Mac-Mahon un nouveau télégramme :

» *Maréchal Mac-Mahon à Douay.*
» Strasbourg, 5 heures 27 minutes du matin.
(Expédié à six heures.)

« Avez-vous ce matin quelques renseignements
» vous faisant croire à un rassemblement nom-
» breux devant vous? répondez immédiatement.
» Tenez-vous sur vos gardes, prêt à vous rallier,
» si vous étiez attaqué par des forces très supé-
» rieures, au général Ducrot, par le Pigeonnier.
» Faites prévenir le général Ducrot, en route pour
» Lembach, d'être également sur ses gardes. »

Signé : MAC-MAHON.

Cette dépêche, parvenue au général Douay à sept heures, donne des instructions si précises et si conformes à celles du général Ducrot, qu'elle suffirait à elle seule pour dégager entièrement celui-ci et le Maréchal de toute responsabilité dans notre premier échec.

On ne peut s'empêcher de regretter le fatal concours de circonstances amenées par les péripéties des premiers moments de la lutte, qui a déterminé une partie des troupes de la division Douay à abandonner les positions où les avaient placées les instructions du général Ducrot.

Du Geisberg et du Vogelsberg, à 2 kilomètres en arrière de Wissembourg, la division française tenant toujours ses communications avec cette ville aurait vu déboucher toutes les forces ennemies...

Devant une supériorité numérique aussi grande, elle se serait, après avoir fait évacuer Wissembourg, repliée par les lignes de crêtes et le col du Pigeonnier sur les hauteurs du Hochwald, où, hors des atteintes de l'ennemi, elle aurait fait sa jonction avec la 1re division.

Mais notre but, ici, n'est pas de raconter les diversépisodes du combat de Wissembourg, où nos soldats luttèrent pendant sept heures contre des forces quintuples et ne cédèrent le terrain qu'après avoir tué ou blessé 91 officiers et 1,500 soldats allemands; nous avons simplement voulu montrer, preuves en mains, que l'assertion de l'État-Major allemand est absolument dénuée de fondement et dégager ainsi complétement notre responsabilité de toute participation à cet échec de Wissembourg, qui, quoique glorieux pour nos malheureux soldats, n'en a pas moins exercé une influence funeste sur le sort de nos armes !

Nous avions terminé ce simple exposé des faits, quand nous avons reçu du général Robert, ancien chef d'état-major du général Douay, aujourd'hui membre de l'Assemblée nationale, une lettre par laquelle il confirme et complète toutes nos observations. Comme elle contient, sur cette affaire de Wissembourg, quelques détails nouveaux et intéressants, nous croyons devoir la joindre à notre travail.

Versailles, 15 février 1873.

Mon Général,

Le deuxième fascicule de l'ouvrage intitulé : « *La Guerre Franco-Allemande en* 1870-1871, *par l'Etat-Major-Général prussien* » contient à la page 179, un paragraphe que vous avez sans doute remarqué et dont voici la traduction :

« Le maréchal Mac-Mahon avait mis la division
» Douay sous les ordres du général Ducrot, pour
» avoir un commandement unique sur la partie
» de ses forces qui était la plus rapprochée de
» l'ennemi. Sur des avis qu'il reçut le 3 août au
» soir, à Wœrth, et qui annonçaient que de fortes
» colonnes s'avançaient de Landau sur la fron-
» tière, le général Ducrot ordonna à la division

» Douay, non-seulement de rester à Wissem-
» bourg, mais encore d'accepter le combat le cas
» échéant. »

Les derniers mots de ce paragraphe contiennent, vous le voyez, une indication absolument erronée, et si vous jugez à propos de publier, à ce sujet, une rectification, je vous offre dans ce but mon témoignage le plus formel, en appuyant ce témoignage non-seulement sur mes souvenirs très précis, mais encore sur des documents certains.

Voici comment les choses se sont passées :

1° Notre 2ᵉ division avait été, en effet, mise sous vos ordres, dès le 2 août, *en ce qui concerne les positions à occuper et les opérations de guerre.* Le maréchal de Mac-Mahon en avait prévenu verbalement le général Douay, et un ordre de mouvement, qui nous fut envoyé à Haguenau à la date du 2, confirmait formellement cette disposition, en la motivant sur votre ancienneté de grade. La mesure s'expliquait très bien d'ailleurs pour le général Douay et pour nous, par la nécessité de diriger sous un commandement unique les opérations prochaines que les deux divisions les plus voisines de l'ennemi pouvaient avoir à entreprendre sur un terrain dont la topographie vous était très bien connue.

Le général Douay s'y soumit de bonne grâce, comme devait le faire un homme chez qui le sentiment profond du devoir militaire dominait toute autre préoccupation.

2° D'après ce même ordre du 2 août, la division Douay devait se mettre en route de Haguenau sur Wissembourg le 4 au matin, et par étapes (c'est-à-dire en couchant le 4 à Soultz pour n'arriver devant Wissembourg que le 5 dans la journée); le Maréchal nous prescrivait *d'établir la division à Altenstadt, Wissembourg, Weiler et ses environs, et au col du Pigeonnier,* avec le 11e régiment de chasseurs au Geisberg.

3° Mais sur un avis télégraphique envoyé le 2 août, à neuf heures du soir, par le sous-préfet de Wissembourg, et qu'il transmit de suite au Maréchal, le général Douay reçut de ce dernier, dans la nuit même, par un télégramme parti de Strasbourg à minuit quarante minutes, l'ordre de faire de suite le mouvement sur Wissembourg. Dans cet ordre, par suite duquel la division se mit en route le 3 de grand matin, pour faire en une seule journée le trajet de Haguenau à Wissembourg (30 kilomètres environ), le Maréchal disait au général Douay : « Le général Ducrot, qui
» porte également demain une partie de sa divi-
» sion à Lembach, vous rejoindra en route et
» vous indiquera la manière de vous relier avec
» sa division (1). »

4° Le général Douay reçut de vous, dans la journée du 3, à Soultz, une lettre datée ce même

---

(1) Voyez cette dépêche, page 16.

— 22 —

jour de Reichshoffen; elle fut apportée, je crois par le capitaine Bossan, et elle était accompagnée d'un croquis topographique (je vois encore de souvenir ce croquis, très rapidement fait, mais dont les indications sommaires ont suffi pour me permettre de guider la retraite le lendemain); vous ne comptiez pas sur une attaque prochaine de l'ennemi, mais pourtant, en vue de parer à toutes les éventualités, vous nous donniez des instructions qui modifiaient notablement celles précédemment envoyées par le Maréchal pour l'emplacement à occuper par la division, car, au lieu de nous établir entre Altenstadt, Wissembourg, Weiler et le Pigeonnier, c'est-à-dire sur les rives de la Lauter, vous nous prescriviez : 1° de mettre seulement un bataillon à Wissembourg; 2° d'envoyer un régiment sur notre gauche pour nous relier à vous, entre le Pigeonnnier, Climbach et Pfaffenschlick, en remplaçant dans ses positions le 96ᵉ, qui se portait en avant vers Nothweiler; 3° d'établir le reste disponible de nos troupes sur les hauteurs au sud de Wissembourg, à droite et à gauche de la route de Haguenau, sur le Geisberg, d'un côté, et, de l'autre, sur le plateau qui domine Oberhoffen (Vogelsberg (1). Vous prescriviez en outre diverses mesures urgentes pour réunir à

---

(1) Ce   tion

Wissembourg quelques approvisionnements de vivres, et vous annonciez que votre quartier général serait à Lembach.

5° Vos instructions furent ponctuellement exécutées. Nos troupes, après avoir fait une grande halte de trois heures environ à Soultz, arrivèrent devant Wissembourg pendant la soirée du 3 et s'établirent dans leurs positions à la nuit tombante, en se plaçant, non pas sur le sommet même des crêtes du terrain, mais un peu en arrière et en se gardant par des avant-postes réglementaires. Le général Douay établit son quartier général dans la partie de Steinseltz, voisine de Oberhoffen, suivant l'une de vos indications.

Les trois bataillons du 78° partirent le 4, dès la pointe du jour, pour prendre, entre le Pigeonnier, Pfaffenschlick et Climbach, les positions par vous prescrites, et une reconnaissance commandée par le colonel du 11° chasseurs fut faite en même temps sur Altenstadt et au delà, par un bataillon de tirailleurs, deux escadrons de chasseurs et une section d'artillerie; cette troupe rentra vers six heures et demie *sans avoir rencontré l'ennemi dans la direction qu'elle avait suivie;* ce fait peut s'expliquer quand on lit attentivement, et en tenant compte des heures et du terrain, la relation allemande.

6° Le 4, vers sept heures du matin, le général Douay reçut du Maréchal un télégramme parti de Strasbourg à six heures lui demandant *si nous avions des renseignements* nous faisant croire à un rassemblement nombreux devant nous, et lui disant en outre de se tenir sur ses gardes et de se rallier à vous *s'il était attaqué par des forces très supérieures* (1).

7° Un télégramme fut rédigé tout de suite par nous, afin de vous transmettre celui que nous venions de recevoir du Maréchal, et le général Douay, je m'en souviens, me fit ajouter à ce document, que j'écrivis moi-même et qui porta sa dernière signature, ces mots qui révèlent un des côtés de la situation : « Je suis absolument dépourvu de » cartes qui puissent me guider. »

Je doute que ce télégramme ait pu vous parvenir, mais vous aviez sans doute été prévenu par le Maréchal en même temps que le général Douay (2).

J'étais occupé à dicter à mes officiers d'état-major, pour nos généraux de brigade ainsi que pour l'artillerie, le génie et l'intendance, et en prévision d'un mouvement éventuel de retraite dans la journée, des instructions conformes aux indications du télégramme du Maréchal et aux mesures de détail arrêtées par le général Douay, d'après les renseignements reçus de vous précédemment, *lorsque retentit, vers huit heures moins*

---

(1) Voyez ce télégramme page 17.

(2) Ce télégramme n'est pas arrivé au général Ducrot, il n'a reçu aucun autre avis que la lettre du colonel de Franchessin, parvenue à midi, et dont le texte est relaté dans son récit.

un quart du matin, le premier coup de canon tiré sur Wissembourg. Nous montâmes immédiatement à cheval, notre regretté Général nous précédant de quelques minutes, et le combat s'engagea; vous en savez à peu près les détails, ce n'est d'ailleurs pas ici le lieu de les reproduire.

8° Depuis votre lettre du 3 août, complétée par les renseignements apportés verbalement par le capitaine Bossan dans cette même journée, jusqu'au moment où, le 4, vers cinq heures du soir, notre division marchant en retraite vous rencontra sur la route de Climbach, aucun ordre de vous, j'en ai la certitude, ne parvint ni au général Douay, ni à moi-même après le moment où, vers neuf heures trois quarts du matin il fut mortellement atteint, ni plus tard au général Pellé, qui prit le commandement de la division vers onze heures.

Je reçus seulement du Maréchal vers six heures, sur le terrain même du combat, un nouveau télégramme parti de Strasbourg à huit heures trente-cinq minutes du matin, annonçant : « *qu'il allait partir à neuf heures pour Wissembourg, dans l'intention de faire la tournée des postes des première et deuxième divisions.* »

D'après l'exposé qui précède, il demeure donc bien établi qu'*il y a une erreur absolue à vous attribuer, à vous personnellement, un ordre donné au général Douay*, non-seulement de rester à

Wissembourg, mais encore d'accepter le combat le cas échéant.

L'occupation de Wissembourg n'était que l'exécution de l'ordre donné par le Maréchal, et les modifications que vous avez apportées sur ce point aux premières instructions de notre commandant en chef (modifications qui vous ont été très heureusement suggérées par la connaissance personnelle que vous aviez de la topographie du terrain), ont consisté à nous établir, tout en occupant Wissembourg comme poste avancé et comme point d'appui de notre gauche, dans l'excellente position de combat qui nous a permis d'avoir les premiers avantages dans la lutte, malgré quelques mouvements trop avancés dus exclusivement à l'excès d'ardeur des troupes ; de faire éprouver des pertes nombreuses à l'ennemi et *de l'amener à montrer successivement toutes ses forces,* en lui opposant cette énergique résistance à laquelle les Allemands eux-mêmes ont su rendre justice.

Quant à *l'acceptation du combat et à la durée de la résistance,* vous ne nous aviez à cet égard, ni avant, ni pendant la lutte, absolument rien prescrit, mais *elles s'expliquent d'elles-mêmes par les ordres antérieurs du Maréchal et par les circonstances.* En effet, le Maréchal nous avait dit d'abord par son télégramme du 4 au matin : « Vous
» vous rallierez au général Ducrot si vous êtes at-
» taqué par *des forces très supérieures,* » puis deux

heures plus tard : « *Je pars pour Wissembourg.* »
Dans cet état de choses, le général Douay d'abord, puis après lui son chef d'état-major et le général Pellé, furent conduits successivement et nécessairement aux résolutions suivantes :

1° Accepter un combat qui semblait n'être d'abord qu'une forte reconnaissance poussée par l'ennemi sur notre frontière.

2° Défendre au moins pendant un certain temps la petite place de Wissembourg, qui était pour notre position un utile point d'appui en même temps qu'un obstacle à l'ennemi, et que l'honneur nous interdisait d'ailleurs de livrer sans combat.

3° Défendre, par suite, le passage de la Lauter et la gare du chemin de fer, et plus tard utiliser successivement, pour contenir l'attaque des colonnes ennemies, nos bonnes positions du centre et de droite.

4° Maintenir l'excellent moral des troupes dans ce premier engagement des deux armées, et en profiter *pour attendre, avant de battre en retraite, le moment où la grande supériorité des forces de l'ennemi* (qui ne montrait que successivement ses têtes de colonnes) *nous serait complétement prouvée;* mais en veillant très attentivement à ne pas laisser couper notre ligne de retraite sur laquelle nous étions assurés d'ailleurs de trouver, d'abord et au moins le renfort du 78°, et vous ensuite.

5° Donner enfin au Maréchal et à vous même

le temps, *soit de nous envoyer des renforts si cette mesure était jugée opportune, soit du moins de venir reconnaître les forces de l'ennemi* et de remédier ainsi aux dangers de cet inconnu fatal sous la pression duquel le grand quartier général nous laissait depuis quelques jours au sujet de la position et des degrés de concentration de l'armée allemande.

Notre retraite, vous le savez, s'est faite en bon ordre, dans la direction prescrite. Une faible partie seulement de notre aile droite qui soutint le dernier choc au Geisberg et à Schafbusch (mais que vinrent grossir, au moment de la retraite, des détachements de réserve arrivés de Haguenau, par le chemin de fer, pendant le combat), fut obligée de se retirer dans une direction qui l'éloigna de Climbach, en la ramenant vers Soultz et la route de Haguenau ; mais elle nous rejoignit le 5, à Freschwiller. Quant au bataillon du 74ᵉ qui, après une très remarquable défense, fut fait prisonnier dans Wissembourg, l'impossibilité dans laquelle il se trouva de nous rejoindre s'explique, d'abord, par la difficulté où s'est trouvé le commandant (M. Liaud), de réunir promptement, pour la retraite, ses compagnies déployées sur les remparts, ensuite par des erreurs de direction dans les rues tortueuses de la ville (où la troupe, il ne faut pas l'oublier, était arrivée seulement la veille et de nuit), et, enfin, parce que l'ennemi, qui connaissait parfaitement la place,

— 29 —

se hâta, dès qu'il le put, d'occuper très fortement les abords des deux portes par lesquelles la retraite pouvait s'opérer (1).

Je m'arrête ici, mon Général, cette lettre est déjà bien longue, mais j'avais à cœur de rétablir complétement la vérité des faits, et de détruire ainsi une allégation tendant à vous attribuer, avec une intention de reproche mal dissimulée, des ordres que vous n'avez certainement pas donnés.

La fidèle narration que je viens de faire dissipera en même temps des erreurs qui se sont accréditées à ce qu'il paraît pendant que notre 2° division continuait de combattre le 6 à Freschwiller et qui ont fait dire à des narrateurs mal renseignés, *que le général Douay s'est laissé surprendre à Wissembourg et qu'il s'est fait tuer de désespoir quand il a vu les résultats de cette surprise.* — Non, le général Douay *ne s'est pas laissé surprendre,* car une troupe de huit bataillons qui exécute une retraite régulière après avoir soutenu le combat pendant plus de cinq heures, contre un ennemi dont les forces, successivement accrues, devinrent à la fin six fois supérieures en nombre, ne peut, *en langage militaire,* être appelée *une troupe surprise.*

Non, le général Douay ne s'est pas fait tuer de désespoir : il savait, quand la mort l'a frappé qu'il

---

(1) On m'a dit, en outre, qu'une poterne avait été ouverte aux Bavarois, au moment décisif, par des agents qu'ils avaient réussi à introduire dans la place.

pouvait compter sur l'énergie de ses troupes et que sa ligne de retraite était assurée pour le moment où il jugerait nécessaire de se replier vers vous. Il est mort tout simplement en accomplissant, trop bravement peut-être, mais en tout cas, avec sang-froid, un des devoirs de son commandement. Il a été tué au moment où, pour observer les mouvements de l'ennemi, il s'était porté avec nous sur ce sommet des Trois-Peupliers, où se trouvait alors notre batterie de mitrailleuses, dont pour la première fois nous expérimentions les effets, et près de cette ferme de Schafbusch, où j'ai dû faire établir une ambulance improvisée et vers laquelle je l'ai fait transporter en même temps que le capitaine d'état-major du Closel, blessé près de lui; c'est là que j'ai dû me résigner à les laisser, l'un et l'autre, au moment de notre retraite, avec nos autres blessés relevés aux environs, *parce que notre division n'avait alors, vous le savez, ni une seule voiture d'ambulance, ni même un seul cacolet.*

Dans un paragraphe de la narration allemande faisant suite à celui que j'ai cité au commencement de cette lettre, l'auteur, après avoir fait remarquer que *nous avions eu tort de ne pas faire occuper Altenstadt,* ajoute ceci:

« L'abandon dans lequel le général Douay avait
» laissé ce village doit être attribué, sans doute,
» au faible effectif de sa division. »

Je ne veux dire qu'un mot sur ce reproche, qui

se détruit d'ailleurs de lui-même, *c'est que, dans la situation où nous a placés l'accablante supériorité numérique de l'ennemi* (1), *l'occupation d'Altenstadt aurait probablement abouti, pour nous, à sacrifier un bataillon de plus.*

Un mot encore et je termine :

Lorsque M. le Maréchal de Mac-Mahon, apportant sa déposition, devant la Commission d'enquête parlementaire, sur les actes de la défense nationale, eut achevé la partie de cette déposition qui concernait l'affaire de Wissembourg, M. le comte Daru, président de la Commission, l'interrompit pour lui dire :

« Vous devez être bien fier, monsieur le Maré-
» chal, de raconter un tel fait d'armes, et la Com-
» mission éprouve à l'entendre une joie patrioti-
» que. »

Ces paroles sont consignées (page 35) au procès-verbal de l'enquête qui a été publiée au nom de l'Assemblée nationale, et je veux espérer que l'histoire un jour les y recueillera pour honorer la mémoire du général Douay et pour rendre justice à

---

(1) Nos huit bataillons formaient, avec notre compagnie du génie un effectif de 4,900 hommes (environ). Nous avions en outre les dix-huit pièces de nos trois batteries. — Quant à notre cavalerie, le terrain ne lui permit pas de combattre.

La partie de l'armée allemande que nous eûmes devant nous le 4 août, à la fin de la journée, comprenait trois corps d'armée; savoir : le 2ᵉ corps bavarois, le 5ᵉ et le 11ᵉ corps prussiens.

ceux qui, ce jour-là, avec lui et après lui, ont si dignement soutenu l'honneur de nos armes.

Agréez, mon Général, l'assurance de mon respectueux attachement.

Signé : Général ROBERT.

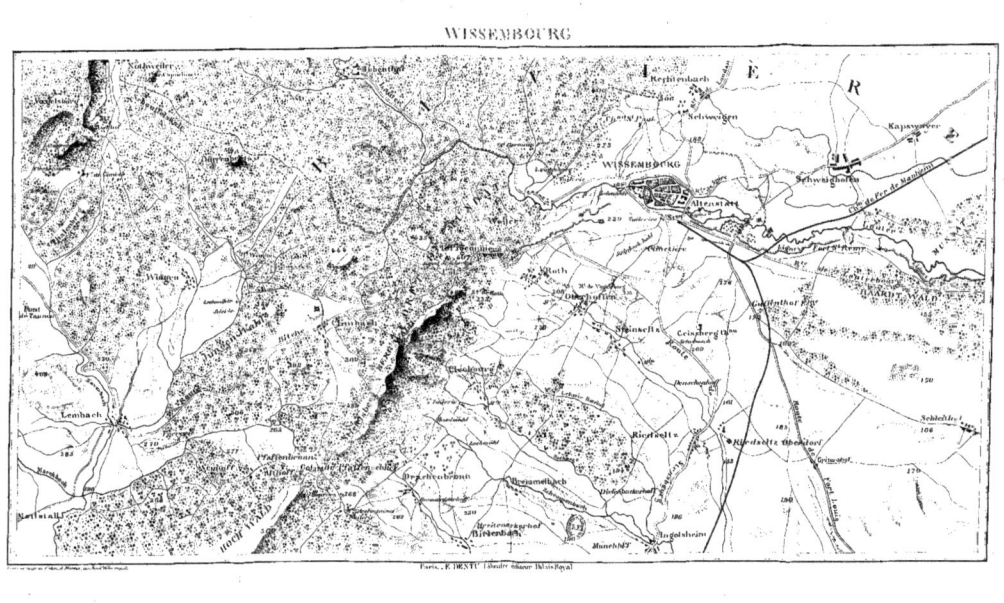

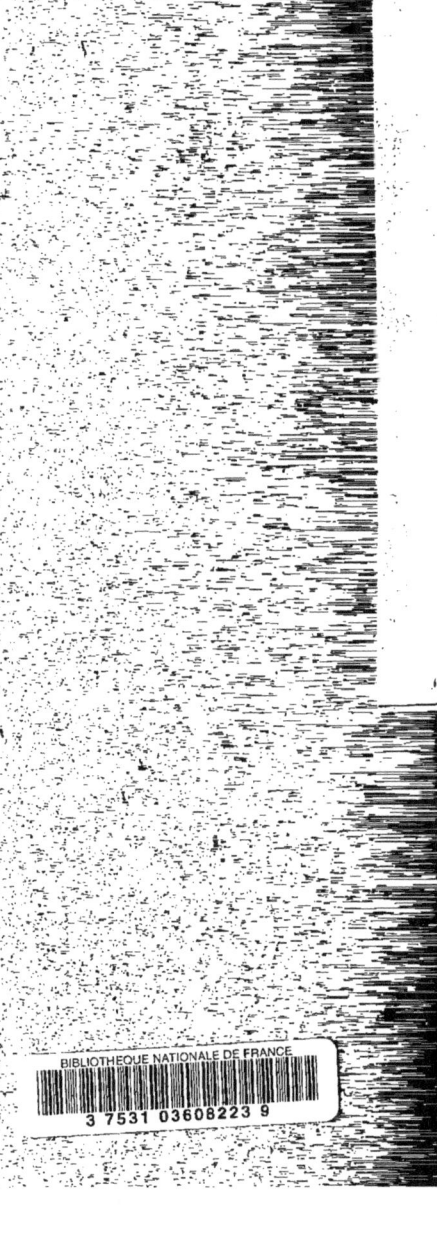